Gottlob Sebastian von Lucke, Friedrich Wilhelm Zachariä

Olint und Sophronia

Ein Gedicht in drey Gesängen. Nebst einem Anhange einiger andern

Gedichte.

Gottlob Sebastian von Lucke, Friedrich Wilhelm Zachariä

Olint und Sophronia
Ein Gedicht in drey Gesängen. Nebst einem Anhange einiger andern Gedichte.

ISBN/EAN: 9783743691391

Hergestellt in Europa, USA, Kanada, Australien, Japan

Cover: Foto ©Thomas Meinert / pixelio.de

Weitere Bücher finden Sie auf **www.hansebooks.com**

Olint und Sophronia.

Ein Gedicht

In drey Gesängen;

nebst

einem Anhange einiger andern Gedichte;

von

Gottlob Sebastian von Lucke.

Zum Druck befördert

von

Friedrich Wilhelm Zachariä.

Braunschweig,
im Verlag der Fürstl. Waisenhausbuchhandlung. 1767.

Vorbericht des Herausgebers.

Herr von Lucke, ein Edelmann, aus Großpohlen, der Verfasser folgender wenigen
Bogen, war eine vorzügliche Zierde des hiesi-
gen Collegii Carolini. Er starb den 27ten Oct.
1762. zu Leipzig, in der ersten Blüthe seiner
Jahre, an einer auszehrenden Krankheit; von
allen, die ihn kannten, selbst von unserm
Gellert, wegen seines edlen, stillen, und sanf-
ten Charakters geliebt und hochgeachtet; und
von allen, die Gelegenheit hatten, den Lauf
seiner Studien zu bemerken, wegen seines un-
gemeinen Fleisses; und wegen seiner großen
Talente, bewundert. Nie hat eine schöne
Seele sich in einer vortheilhafteren Gesichts-
Bildung ausgedrückt, und nie haben das Leben und die Schriften eines Dichters genauer
mit einander zusammengestimmt. In den
angehängten kleineren Gedichten findet man
die deutlichsten Spuren von der Liebe für sein
Vaterland, von der zärtlichen und unverän-

derlichen Hochachtung für seinen würdigen
Herrn Vater, und seinen Vormund, den er
so sehr wie seinen eignen Vater liebte, den
Herrn von Sehr-Thoß, zu Weigmanns-
dorf, in Großpohlen. Jede Zeile von ihm
athmet Tugend und Religion, und sein gan-
zes kurzes Leben ist eine beständige Ausübung
derselben gewesen.

Ich glaube nicht, daß ich nöthig habe,
das geringste zum Lobe der folgenden Gedichte anzuführen. Der Kenner wird ohne mein
Erinnern die kühne Hand eines jungen Mei-
sters darinn wahrnehmen, der seine eigne
Manier, sein eignes Colorit hatte, und auf
dem glücklichsten Wege war, ein Original-
Dichter zu werden. Die besten Erläuterun-
gen, und kleinen Nachrichten, welche diesen
Gedichten vorgesetzt zu werden verdienen,
giebt uns ein Schreiben von dem verstorbe-
nen Verfasser selbst, mit welchem er mir diese Gedichte zusandte, und welches ich hier ein-
rücken will.

Schrei-

Schreiben des Verfassers

an den

Professor Zachariä.

Sie fragten mich gestern, ob ich die letzte Zeit
auch noch fleissig gewesen wäre? Fleissiger,
als es Ihnen vielleicht lieb seyn wird, hätte ich gern
geantwortet, wenn wir nur allein gewesen wären.
Sie erhalten hier meine Arbeit von einigen Ta-
gen der vorigen Wintermesse, die ich nur seitdem
bisweilen noch etwas auszufeilen gesucht habe.
Diesmal müssen Sie mir schon erlauben, Sie
einige Augenblicke von mir selbst, oder, wenn Sie
lieber wollen, von meiner Muse, zu unterhalten.
Als ich den Tasso las, ward ich von der Episode,
die sich gleich zu Anfange des zweyten Buchs findet, ungemein gerührt. Ich fand sie meinem
Genie so angemessen, daß ich mich den Augen-
blick entschloß, sie zu erzehlen. Ich glaubte, ich
könnte hier meine Kräfte am besten prüfen, die
ich gern selbst einmal auf die Probe gestellt hätte.
Sie werden also mein Stück auch aus diesem Ge-
sichtspunkte betrachten, und es gleichsam für
mein — Apprentissage (erlauben Sie mir dieses
fremde Wort) ansehen. Ich habe mich durch
nichts einschränken lassen, meine Flügel so hoch,
als möglich, zu schwingen. Doch habe ich mich

von

von meinem Geschmacke leiten lassen. Ich habe
mich in allem versucht. Ich habe übersetzt, nach-
geahmt, erfunden. Sie werden selbst urtheilen,
mit welchem Glücke.

Vielleicht fragen sie mich, warum ich dazu
nicht den prächtigern und tonvollen Hexameter ge-
wählt? — Weil ich den zehnsylbigten Jamben
für sanfter hielt; weil ich mehr rühren, als Be-
wunderung erwecken wollte; weil ich gern eine
gewisse Leichtigkeit des Styls, nach Glovers Art,
gehabt hätte; — vielleicht auch, weil ich die
Schwierigkeit zu sehr kannte, schöne Hexameter
zu machen. Um nicht mit dem zu öftern Gleich-
laut des Schlußfalles zu ermüden, habe ich den
Verstand nicht gern mit dem Verse geendigt.
Ich glaubte dadurch die Harmonie weniger zu
stören, als wenn ich eilfsylbige untergemengt
hätte. Doch habe ich auch nicht allzuplötzlich ab-
zubrechen gesucht, wo ich nicht diesen kleinen
Uebelklang grössern Schönheiten aufzuopfern
glaubte.

Eines will ich mir gehorsamst ausbitten.
Wenn Sie meinen Versuch dessen würdig halten, so seyn Sie so gütig, und zeigen ihn unserm
besten Gärtner. Und dürfte sich mein Vers auch
vor das feine Ohr eines Eberts wagen? — Ich
würde zu glücklich seyn, wenn ich solchen Männern nur in einigen Stellen gefiele. Verbergen
Sie mir aber im Gegentheil auch meine Schan-
de nicht. Zeigen Sie mir, wie tief ich gefallen
bin.

bin. Ich werde mich unerſchüttert im Abgrun-
de erblicken.

Sie wiſſen wohl, wertheſter Zacharia, daß
ich nicht leicht etwas vor Ihnen verhehlen kann:
Ich habe noch einige kleinere Stücke beygelegt:
Noch Eines hätte ich bald vergeſſen. Sie wiſſen, daß der verſtorbne Herr von Cronegk ein
Trauerſpiel von gedachter Epiſode angefangen hat.
Ich habe mich nicht enthalten können, einige
Schönheiten, die mich zu ſehr rührten, von de-
nen zu erborgen, die vor mir eben den Stoff be-
arbeitet haben, ohne zu fürchten, daß ich den Namen eines Plagiarius verdienen würde. Unter
andern können Sie die Art von Wettſtreit zum
Theil dahin rechnen, welchen ich meinen Helden
mit meiner Heldinn habe halten laſſen, ſo wie
man etwa in einer Tragödie die Perſonen in
einzelnen Verſen gegen einander ſprechen
läßt. Doch werden ſie nicht über ein Paar Stellen finden, wo man mich des Abſchreibens be-
ſchuldigen könnte.

Verzeihen Sie, daß ich ſo lange von meinen Verſen geredet habe. Die gütige Aufnahme,
womit Sie kleinere Verſuche von mir empfangen,
läßt mich hoffen, daß Ihnen dieſer nicht ganz unangenehm ſeyn wird. Erhalten Sie mir noch
ferner Ihre ſchätzbare Gewogenheit, und ſeyn
Sie verſichert, daß ich Zeitlebens bin ꝛc.

　　　　　　　　　　　G. S. v. Lucke.

　　　　　　　　　　　　　　　　So

So bescheiden schrieb derjenige, der schon in seinem siebzehnten Jahr seinen Olint und Sophronia verfertiget hatte! Welch ein aber= maliger Verlust, den Deutschland in diesem jungen Dichter bedauren muß!

Braunschweig, den 2ten May 1767.

Friedrich Wilhelm Zachariä.
Professor der Dichtkunst am Collegio
Carolino zu Braunschweig.

Olint

Olint und Sophronia.

Erster Gesang.

— La morte al vincitor fi pone

In premio, e l mal del vinto è la falute.

                                        TASSO.

— Der Sieger trägt zum Lohn

   Den Tod davon;

Und des Besiegten Unglück ist das Leben.

                              v. Cronegf.

Olint und Sophronia.

Erster Gesang.

Zwo edle, große Seelen, sind mein Lied.
Zwo Seelen, die nicht Wuth, Pein, Flamme nicht
Gescheut, wetteifernd, sich, ein Lösegeld
Für kleine Christenschaar, blutdürstigen
Barbaren hinzugeben in den Tod.

Du, schön Geschlecht, dem meine Muse singt,
Besonders ihr, die Zierden des Geschlechts,
Ihr Wenigen, die oftmals Hesperus
Vom üppigen Getümmel fern, ein Buch
Der Weisheit oder Tugend in der Hand,
Erblickt; o lächelt meiner Muse zu,
Die, durch euch stolz, des eh'rnen Kriegers gern,
Des blutbefleckten Lorbeers gern vergißt.

A 2

O lächelt

O lächelt ihr Begeisterung! — Und wenn
Ein zärtlich Aug' einst über den Roman
Herhängt; — sey eine Thräne, die das Roth
Der jungfräulichen Wange sanft beschleicht,
Nur Eine holde Thräne sey mein Lohn!

Noch sinnt Ismen, von schwarzer Freud' entzückt,
Den längstentworfenen kunstreichen Plan
Der Rache, durch. — Beleidigung entflammt
Den Mordgeist; seiner Zunge Donner schlägt
Drauf jeden Hauch der Menschheit nieder; reißt
Den blinden Eifer zu dem Blutbad hin.

Noch sinnt er seine grause Rach'! — Itzt ist
Der Anschlag reif. Er taumelt jauchzend auf,
Und eilt, von nahem Würgen trunken, fort,
Sein grimmig treffend Aug' am heißen Blut
Erschlagner Christen weidend. Ehmals war
Er selber Christ, und dem Altar geweiht;
Allein des innern hohen Werthes fremd,
War Herrschen bloß die Absicht seines Scheins.
Doch bald erlosch sein stolzer Wahn; er fand

Für ſeinen hohen Geiſt das Chriſtenthum
Zu niedrig; ſchwur, entbrannt von toller Wuth,
Den frommen Männern, die die kriechenden
Und ſchwarzen Ränk' ihm einſt vereitelt, ſchwur
Dem ganzen ſchnöden Chriſtenvolk den Tod,
Und weihte ſeine falſche Treu hierauf
Dem Mahomed; ihm ward, durch Grauſamkeit,
An Chriſten ſtets verübt, das Prieſteramt.
Itzt tritt der Böſewicht zum Aladin,
Und täuſcht mit gleiſſendem Geſpräch' ihn ſo.

Herr, wie du weißt, ſo nahet Gottfrieds Heer
Schon ſiegreich unſern Mauern. Doch du haſt
Vollkommen König, dich, und Feldherr, dich
Gezeigt, auf alles weit hinaus geſchaut,
Auf alles dich gerüſtet, daß gewiß,
Wenn jeder ſeine Pflichten ſo erfüllt,
Den Feinden dieſes Land zum Grabe wird.
Auch ich komm' itzt, ſo viel ich nur vermag,
Dir beyzuſtehen, wenn mein graues Haupt
Noch anders etwas rathen kann, das du

Nicht

Nicht selbst erfährst. Anitzt entdeck' ich dir,
Was ich ohnlängst aus tiefer Nacht erforscht.
Wiß'! in der Christen Tempel ist ein Bild
Von ihrem GOtt, der, ihrer Sage nach,
Allhier gekreuzigt worden. Dieses Bild
Wirkt es allein, daß Gottfried und sein Heer
Den schweren Krieg begonnen. Jeder Christ
Wird muthlos seyn, so bald er nur erfährt,
Daß dieses Bild, sein Lorbeer, Preis, und Lohn,
Sein Alles, nicht mehr ist. Drum rath' ich dir,
Es heute noch, mit deiner eignen Hand,
Der Christen Tempel zu entreißen, drauf
Es der Moschee, zum Dienste Mahomeds,
Zu weihn. Ein solches Opfer muß für dich
Des Gottes starke Rechte fesseln. Mir
Sey es erlaubt, so lange noch Gefahr
Nicht da ist, dieses Bild's geheime Kraft,
Von der ich viel gehöret, auszuspähn.
Indessen glaube jeder Christ, sein Preis
Sey schon vernichtet; und hiedurch geschreckt,

Stürz

Stürz' er zurück, wenn er Jerusalems
Gedeckte Mauren zu ersteigen wagt.

Er schwieg. Vom stolzen Aberglauben blind,
Sprang Aladin, des Sieges schon gewiß,
Lautjauchzend auf. Mit frevelhaftem Arm
Raubt er dem Tempel seine Zier, und schreckt
Die Christen durch dies Merkmal seiner Wuth,
Nicht durch die That. Ihnen empfieng das Bild
Voll Ungeduld in der Moschee, schlich drauf
Verderbenbrütend heim, und wartete
Auf die Vertraute seiner List, die Nacht.
So schwarz erwartete sie Ppilo nicht,
Sie, die ihm JEsum auf den folgenden
Grausamen Tag zum schnöden Tod verrieth.

Itzt stieg am rosenfarbnen Horizont
Der Abend sanft herauf. Das matte Gold
Der fernen Sonne flimmerte nur noch
An deinem stolzen Haupt, hochthürmende
Jerusalem! — Zerstreuet irrt in dir
Der Christen kleine Schaar umher, gebeugt

Von

Von tiefer Furcht. Das laute Klagelied
Der Nachtigall im melancholischen
Gebüsch, und Zephyr, der am schlanken Gras
Hinseufzte, lockten ihren scheuen Schritt
Oft in die Einsamkeit. Sophronia,
Die edle Jungfrau, deren Tugend stets
Den hohen Reiz, den die Natur ihr gab,
Der Männer schnödem Blick entzog, stand itzt
Gedankenvoll, an einen Fels gelehnt,
Von dem ein Silberbach herunter schlich.
Allein sie hörte nicht das rieselnde
Geräusch der Quelle, sahe nicht den Schmuck
Bethauter Blumen, die rings um sie her
Ihr duftend Haupt erhoben. Grause Furcht,
Durch des Tyrannen Raub ihr eingeprägt,
Zerriß ihr zärtlich Herz. Starr schaute sie
Lang' auf den Boden, wandt' ihr betend Aug'
Alsdann gen Himmel, da ihr pochend Herz
Den Busen feurig hob. So seufzte sie.

Sey Vater noch, wenn du, von uns erzürnt,

Allmächtiger, uns straffst; — sey Vater noch!

Gedenke deiner Kinder, die dein Sohn

An jener Stätte durch sein heilig Blut

Zu Kindern dir erkauft! — Uns heischt dein Grimm

Ein Opfer für des ganzen Volkes Schuld:

So fleh' ich dir im Staube; — wähle mich!

Gieb dem Tyrannen mich zum Lösegeld!

Du siehest, Herr, die lodernde Begier,

Die meine Seel' entflammt, für's Vaterland,

Für Christen, sich zu opfern. — Zürne nicht

Der kühnen Bitte, die mein wallend Herz

Beginnt. — Herr, strafest du, so wähle mich!

Mit diesen Worten schoß ein heisser Strom

Aus ihrem holden Auge. Bebend sank

Sie an den Fels. Die Stirn an ihn gelehnt,

Die Hände bang gefaltet, halbentseelt,

Lag sie, und mischte mit dem Abendthau

Die zarten Thränen, als Oliut sie sah.

Der Jüngling stand erstarrt. So starret nicht

Der Wanderer, wenn auf einmal sein Fuß
Auf eine Schlange tritt.   So starrt ein Fels.
Itzt flog er zu ihr hin, fiel neben ihr
Darnieder, und sein erstes Stammeln war,
Sophronia! — Schon lange liebte sie
Der edle Jüngling, nie entdeckt' er's ihr.
Viel wünscht' er, hoffte wenig, suchte nichts.
Sie achtet', oder sah ihn nicht.   So stets
Litt er, ihr ungesehen, unbekannt,
Unangenehm vielleicht. — Sophronia!
Rief er, und wagt' es nicht, sie anzusehn,
Noch anzurühren.   Wie aus tiefem Schlaf
Erwecket, schaute sie sich um nach ihm
Begegnete dann seinem scheuen Blick,
Und lange stauneten sie beyde stumm
Einander an.   Zuletzt durchbrach Olints
Geschwollne Brust der lang' gehemmte Strom,
Und stürzte so von Lippen voller Gluth.

   Bist du es? — Wie? Erblick' ich dich nun so?
Dich, die mein leidend Herz so oft gesucht,

                                        Gesun*

Gefunden nicht! — Welch tiefer Kummer drückt
Dein schmelzend Auge? — Grausames Geschick,
Womit verdient' ich diesen — mehr als Tod,
Der itzt mein lang' gefoltert fühlend Herz
Durchstirbt! Sie, die ich stets gewünschet, nie
Gesehn; — Sie traurend, weinend, bleich zu sehn?
    Mit tiefem Schluchsen starb allmählig ihm
Die Stimme hier. Sophronia, gestärkt
Von ihrer Tugend und von höh'rer Macht,
Mit heitrer Thrän' im lächelnden Gesicht,
Der Morgenblüthe gleich, beperlt vom Thau,
Erhob sich muthvoll, reicht ihm sanft die Hand,
Und flößte seiner Wunde Balsam ein.
    Steh auf, (so sprach sie) zärtlicher Olint,
Steh auf, und zage nicht! Kein eignes Weh
Zerritzte meine Seele. Größer war
Mein Kummer. — Ach! der allgemeine Schmerz,
Das bange Zittern, das gesenkte Haupt,
Der bleiche Tod auf jedes Christen Stirn,
Dies nur erschütterte mein Innerstes.
Und wunderst du dich, edler Jüngling, noch,
Was meine Thränen klagen? Fühlst du nicht,
Nur du allein nicht, dieses kalte Graun,
Das jedem Christen, bey des Wütrichs Raub,
Durch alle Glieder bebt? — Zwar heitert mich

Ein

Ein himmlisch Labsal auf. Ich fühl es hier,
Hier tief im Herzen; Stärkung lispelt es!
Sieh, dieses heitert mich itzt auf. — Er wird,
Olint, — der Herr, ach! unser Vater wird
Von seinem Angesicht gewiß noch nicht
Uns ganz vertilgen. — Dieses fühl ich hier!

Sie sprach es, sah mit holdem Aug' ihn an,
Und drückt' ihm sanft die Hand. Mit halbem Blick
Schaut er itzt auf, itzt nieder, liest zuletzt
Auf ihrer hellen Stirne Trost und Muth.
Doch aber wagt' er's nicht, der edlen Brust,
Die von der Bürger Wohl entflammet war,
Sein eignes Feuer zu entdecken, wo
Sein zärtlich schmachtend Aug' es anders nicht
Entdeckt. Zu männlicher Standhaftigkeit
Von ihr ermahnet, schied er froh von ihr.
So freut, nach langer Irre voller Noth,
Sich ein verirrter Schiffer, wann er fern
Ein Land entdeckt; süßhoffend achtet er
Der schäumenden grundlosen Woge nicht,
Des brüllenden Orkans nicht, welcher rings
In traurigen, nachtvollen Wolken stürmt.

Olint

Olint und Sophronia.

Zweyter Gesang.

Olint und Sophronia.

Zweyter Gesang.

Und über's schlummernde Jerusalem
Streckt ihr die Nacht ihr bleyern Zepter aus,
Unwillig, einer niedern schwarzen That
Zur Deck' ihr stralenlos Gewand zu leihn.
In dem gewohnten Schatten schlich Ismen
In die Moschee, ergriff mit frecher Hand
Dort das geraubte Bild; mit bösem Zweck
Verbrannt' er's unter dem geheimen Schirm
Der stummen Finsterniß. Und sie entwich
Kaum vor des jungen Tages blassem Schein:
Als er den Aladin erweckt, und so
Mit nachgemachtem Grimme donnernd ruft;

Ver:

Verrätherey! Wir sind verlohren, Herr!

Der Tempel ist entweiht! Verrätherey!

Das Bildniß, welches uns vor'm nahen Feind

Beschützen sollte, welches jeder Christ

Vernichtet glauben sollt', — ist uns entwandt!

O Wuth! O Laster! Strafst du dies, o Herr,

Nicht plötzlich: so erwarte jeden Tag,

Daß dich der Christen mörderische Hand

In deinem eigenen Pallast erwürgt!

Er schwieg. In finstern Runzeln stieg der Zorn

Dem Aladin ins wilde Antlitz. Geh,

(So rief er) geh, und such den Frevler auf!

Er sterbe! Sieh! ich schwör's bey meinem Haupt,

Er sterbe! — Hoch in sich erfreuet, eilt

Ismen, und sucht, und stürmet durch die Stadt.

Umsonst, man findet nichts. Von neuem Grimm

Entbrannt, rast Aladin. Wie, wann beraubt

Von ihrer Zucht, die wildste Löwinn brüllt,

Ganz Syrien erschüttert tief darob:

Sie wüthet durch den weiten Wald, und reißt

Den

Den Boden auf, und kühlet ihre Wuth
Im Blute jedes Thiers, das ihre Klau
Zerknirschet.   So auch brüllte der Tyrann
Durch dich, erschütterte Jerusalem.

Auf! rächet euren König! Jeder Christ
Soll sterben! schuldig und unschuldig, soll
Jedweder sterben! — Doch unschuldig? Nein,
Was sag' ich? keiner ist unschuldig! Nie
War unter ihnen jemand unser Freund.
Auf! Meine Treuen, auf! Ergreifet Schwerdt
Und Flamme schnell, und senget, und erwürgt!

So schrie er.   Wie, zur Zeit des nahenden
Gewitters, plötzlich sich die Luft empöret:
Das wogigte Gewölk durchschießet schnell
Des Himmels weiten Bogen, ihn in Nacht
Verhüllend; der gethürmte Hagelstrom,
Der droh'nde Sturm, der nahe Wolkenbruch,
Rauscht über der erblaßten Erde hin;
Fern rollt des hohlen Donners dumpf Getös,
Zehntausend eh'rne Wagen; sinkend sucht

Nun jeder Fittig, dessen ändernd Gold
Erst in der Sonne schimmerte, sein Dach,
Des Felsen Wund', und zitternd fliehet Mensch,
Und Thier, in grause Höhlen.   So ertönt
Im wilden Aufruhr ganz Jerusalem.
Der freche Türke stürmt mit froher Wuth
Daher, und rüstet sich mit Tod.   Der Christ
Entfliehet bebend aus dem rasenden
Getümmel, das die bleiche Stadt erfüllt.

Nur du, o göttliche Sophronia,
Nur du erzitterst nicht. — O! die ihr sonst
Des schwächeren Geschlechtes spottet; seht,
Seht hier, und staunt! seht mehr, als männliche
Herzhaftigkeit! — Sie jauchzt für Freude laut,
Indem sie des Tyrannen Wuth vernimmt.
Dies ist, (so schwillt ihr betend Herz empor;)
Dies ist der Weg, den du mich gehen heißt,
Mein GOtt! Mit Freuden geh ich ihn! Verleih
Nur deinem Kinde, daß es standhaft geh'!

Das reizendste Gesicht verhüllte nun

Der Schleyer. — Doch sag' uns, o Muthige,

Du gehst? sag' uns, wer schuf den göttlichen

Gedanken, wer den Muth dir? wer die That?

O schwebte nicht vielleicht ein Engel? ، ، Doch

Du eilst, fürs Christenthum zu opfern dich.

Ich folg', allein mit Zittern — Himmlische,

Die ihr den hohen Muth begleitet, stärkt

Die schwachen Saiten, die, zu kühn vielleicht

Für solche That, sich stimmten. — Majestät

Und Ernst im Auge, tritt sie unters Volk.

Nachlässig zeigt das wallende Gewand

Ihr Heldenangesicht, der Anmuth Sitz.

Die Ehrfurcht, vor ihr her, beugt jedes Haupt,

Und räumt den Weg. Dem wimmelnden Barbar

Entsinkt sein flammend Schwerdt. Von jedem gleich

Bewundert, nichts bewundernd, gehet stolz

Die hohe Jungfrau hin znm Könige.

Auch schreckte sie sein Zorn nicht; sie erlag

Dem wilden Blicke nicht. Ich komme, Herr,

(Sprach sie) besänftige den Grimm indeß

20   Olint und Sophronia.

Und halt dein Volk zurück. Ich komme, Herr,
Dir zu entdecken, und gefangen dir
Den Schuldigen zu geben, den du suchst.

Ganz wie verwirrt, erstaunet Aladin
Vor'm anstandvollen Muth, und vor der Macht
Der unschuldvollen Schönheit. Wie besiegt,
Zäumt er den Zorn, und zähmt den wilden Blick.
Erzähle, spricht er, alles. Sieh, ich will,
Daß niemand itzt dein Volk beleidige!
Sie aber: Der Verbrecher findet sich
Hier vor dir. Dieser Diebstahl ist ein Werk
Von diesen Händen. Ich entwandte dir
Das Bildniß! Die du strafen mußt, bin ich!
Unschuldig both sie so ihr hohes Haupt
Für das gemeine Wohl. Der Wütherich
Entrüstet so geschwind, als sonst, sich nicht.
Er fragt: Entdecke mir, wer rieth dir denn
Dazu? Wer half dir bey der kühnen That?
Ich wollte keinem den geringsten Theil
Von meinem Ruhme lassen, sagte sie.

Ich

Ich war allein der Sache mir bewußt;
Allein rieth ich, allein verübt' ich sie.

Mein war allein der Ruhm; allein sey auch
Die Strafe mir! Den Wütrich schwellte hier
Ein neuer Grimm. Wohin verbargest du
Das Bild? — O ich verbarg es nicht: verbrannt,
Hab' ich's sogleich (sprach sie) und es verbrannt
Zu haben, freu' ich mich! So wird's uns doch
Nicht mehr entrissen von ungläub'ger Wuth!
Herr! das Geraubte wirst du niemals sehn;
Den Thäter siehest du. Und bin ich's gleich,
So hielt' ich's doch für recht, zu rauben dir,
Was uns, mit Unrecht, erst geraubet ward.

Bey diesen Worten knirschte der Tyrann
Mit wildem Munde. Hoffe nun nicht mehr
Verzeihung, hohe Seel', erröthendes,
Doch edles Antlitz! Ach! vergebens schützt
Die Schönheit dich! — Die schöne Jungfrau wird
Gefangne. Sie verdammt des Königs Spruch
Zum Feuertode. Schon entreißt man ihr

B 3

Den

Den keuschen Schleyer.   Ihren zarten Arm
Belasten rauhe Ketten.   Dennoch zagt
Sie nicht, ob schon ihr Antlitz sich entfärbt.
Heil mir! ihr werthen Bande, ruft sie aus,
Heil mir! ihr gebet meinem Christenvolk
Das Leben! — ihr entkerkert meinen Geist!

Olint

Olint und Sophronia.

Dritter Gesang.

,

Olint und Sophronia.

Dritter Gesang.

Nun raſt das tauſenzüngige Gerücht
Durch die empörte Stadt. Der Thäter iſt
Entdeckt! tönt jeder Mund. Der Thäter iſt
Entdeckt! hört auch Iſmen, und halb entſeelt,
Erzittert mitten in der frechen Schaar,
Die ſeine frevelvolle Hand zum Mord
Anführen wollt', erzittert er. Doch bald
Verſchwand ſein Schrecken, als Sophronia
Vorbey geſchleppet ward. Vor ihrem Blick
Verſteinert, ſteht er erſt. Dann ſtraft er wild
Sein Zaudern, und von eigner Furcht zwar frey,
Doch fürchtend, daß die nahe Rach' ihm nun
Entriſſen werde, ſtürzt er eilig fort.

Und ſchnell verſammelt ſich die blaſſe Schaar
Der Chriſten um Sophronia. So thürmt,
Zur Zeit der Fluth, die Well' im Ocean

B 5   Am

Am schallenden Gestade sich; so strömt
Die Meng' auf sie. Mit diesem Strome treibt
Olint heran. Der Jüngling dachte schon
Bang' an Sophronien, als er vernahm,
Was vorgegangen. Aber als er sie
Beschuldigt nicht, verdammet schon, erblickt;
So bebt er bleich zurück. — Mit starrem Fuß
Stampft er die Erd', arbeitet sich empor;
Und sinket bleich zurück. Zuletzt beruft
Er jede Kraft zusammen, greifet dann
Mit kalter Hand umher, und reisset sich
So durch das wilde Volk, und schreyt hinauf
Zum Könige: Sophronia, sie ist
O Herr, nicht schuldig! fälschlich rühmt sie es.
Sie dachte, wagte, konnte solche That,
Ein Weib, allein, und unerfahren, nicht
Verüben. Sieh! mit welcher Kunst betrog
Die Wache sie? Wie raubte sie das Bild?
Sie sag' es. Ich, ich hab' es, Herr, geraubt!
(So liebt' er die, ach! ihn nicht liebende
　　　　　　　　　　　　　Geliebte!

Geliebte!) — Da, wo die Moschee den Tag
Empfänget, sprach er, da erstieg ich sie,
Durch unbekannten schweren Weg, des Nachts.
Mein ist die Ehre: mein sey auch der Tod!
Nein, sie entzieh' mir meine Strafen nicht!
Mein sind die Ketten, mir bereite man
Den Scheiterhaufen, mir die Flamme, mir!
   Sophronia erhebt die Augen, blickt
Leutseelig auf ihn. O warum kömmst du,
Du armer Unverschuldeter, warum?
Sprich, welcher Rathschlag, welche Raserey
Führt, oder reißt dich her? — So bin ich denn
Allein, was Eines Menschen Zorn vermag,
Nicht stark genug, zu leiden? — Ich, auch ich
Hab' eine Brust, die sich für Einen Tod
Allein genug hält, nicht Gefährten wünscht.
   Itzt war Olint bis zur Gebundenen
Hindurch gedrungen. Ganz ermattet, faßt
Er ihre Kett', und sinkt an ihrem Fuß
Zur Erd', und schluchst: Warum, Sophronia,

Warum

Warum erwählest du den Tod? — Dies Herz
Schon lange brennt es von geheimer Gluth,
Von deiner Liebe. Zitternd sag' ich itzt,
Was meine Zunge deinem keuschen Ohr,
Für höh're Sachen, und für GOttes Lob
Nur Ohr bisher, verschwieg; — ich liebe dich.
O lebe, Göttliche! laß mir den Tod!
Mir, der das Leben scheut, und Tod begehrt!

Olint, was störst du meiner Seele Ruh?
Misgönne mir die Märt'rerkrone nicht!

Leb', o Sophronia, leb'! Oder gieb
Dein Grab Olinten auch zu seiner Gruft.

Mir ist der Tod zur Strafe schon bestimmt.
Drum lebe du! Sey glücklich, ohne mich!

Ich glücklich, ohne dich? Wie kann ich es?
Zum Sterben hab' ich Muth; zum Leben, nicht!

So stritt das edle Paar. — O großer Streit,
Wo Lieb' und Großmuth mit einander kämpft!
O hoher Anblick, wo des Siegers Lohn
Der Tod; das Leben des Besiegeten

Bestrafung

Beſtrafung iſt! — Allein jemehr ſie ſich
Anklagen, deſtomehr entflammt der Zorn
Den König, welcher denket, ihm zum Troß
Verachten ſie die Pein. So glaube man
Denn Beyden! (ſpricht er) Beyden ſey der Sieg,
Der Lorbeer Beyden, welchen ſie verdient!

Er winkt, und rauhe Bande feſſeln nun
Den Jüngling. Beyd' an einen Pfahl geſtellt,
Den Rücken an den Rücken, das Geſicht
Von dem Geſicht gekehret, häufet man
Den grauſen Holzſtoß um ſie her. — Olint
Bricht gegen die mit ihm Vereinigte
So aus: Iſt dies das Band, womit ich mich
Auf ewig dir verknüpfen wollte? — Dies
Das Feuer, welches unſer beyder Herz
Entflammen ſollte zu vereinter Gluth?
Zu lange ſchiebeſt du, erzürnt Geſchick,
Uns Beyde: man vereinſt du uns aufs neu
Grauſamer noch! — Wie ſtolz bin ich indeß,
Dir zum Gefährten in der Gruft zu ſeyn;

Da

Da zum Gefährten dir im Ehebett

Ich nicht bestimmet ward.　Nur schmerzet mich

Dein Martertod, nicht meiner! weil ich dir

Zur Seit' erblasse. — Und, o glücklich, du,

Mein Tod! und glücklich, süsse Bande! wenn

Mir nur vergönnet wird, daß, Brust an Brust,

Ich meine Seel' in deinen zarten Mund

Ausathmen mag; wenn du, mit mir zugleich

Vergehend, deinen letzten Athem mir

Einhauchest! — Also klagt er thränend.　Sie

Bestraft' ihn sanft, und lispelt so ihm Muth.

Freund, ach! ganz andre Klagen, andere

Gedanken, heischt die Zeit.　Warum gedenkst

Du deiner Sünden nicht? Warum an GOtt,

An seine Gnade nicht? Warum des Lohns,

Den er den Gläubigen verheissen, nicht?

O leid' in seinem Namen! und die Pein

Wird süß dir! Fröhlich schwinge dich hinauf

Zu unsrer Heimath! Sieh den Himmel an,

Wie

Wie schön er funkelt! Sieh die Sonne, die
Uns einzuladen, und zu trösten scheint!

Bey diesen Worten schwamm die ganze Schaar
Der Heiden selbst in Thränen; Türk und Christ
Erhob ein lautes Schluchsen. Aladin
Empfand so gar in seiner Felsenbrust,
Ich weiß nicht, welch ein Mitleid. Doch darob
Nur mehr ergrimmt, gieng mit verdrehtem Aug'
Er fort. Ismen auch, welcher, mit der Qual
Des edlen Paars noch nicht vergnügt, bisher
Stets neu Verderben für die Christen sann,
Auch der entfernt, voll innern Schmerzens, sich.
Nur du, o göttliche Sophronia,
Von jedem tief beweint, du weinest nicht!
So, wenn die blaue Hüfte Libanons
Des Wetters Nacht umwölkt, so stehet dann
Die Zeder Gottes hoch auf seiner Stirn:
Des Himmels Thränen baden rings umher
Die Auen; Halm und Staude schwemmt die Fluth
Hinweg; zermalmet von des Stroms Gewalt,

Ent=

Entſtürzen Felſentrümmer, Libanons

Geſchwanktem Fuſſe; ſie erhebet ſtolz

Ihr grünend Haupt; den Aether unter ſich,

Trinkt Sonne ſie: So ſteht Sophronia.

Der grauſe Haufe wächſt, die Kerze ſprüht;

Sie ſtehet unerſchüttert da, und blickt,

Muth, Seelenruh, den Himmel im Geſicht,

Aufs Volk herab, das, all' Ein Angeſicht,

All' Eine Thränenfluth, zu ihr ſich kehrt.

So weine denn, gerührte Muſe, hier

Auch eine Zähre; dann erzähle kurz

Die große Rettung deines edlen Paars.

Schon naht die ſprüh'nde Fackel drohend; ſchon

Erwartet jetzt Kummer, thränenvoll,

Mit weggewandtem Blick, den harten Streich:

Als ſiehe da! ein Krieger (wie es ſchien,)

Daher thürmt auf erhabnem ſtolzen Roß.

Der Tieger, der im blanken Helme flammt,

Verräth Chlorinden. Dieſe Kriegerinn

Erwartete mit Hülf' aus Perſien.

Der

Der König. Noch ein Kind, verschmähte sie
Die weichen Künste der Gespielinnen.
Sie reizte nicht ihr webend Elfenbein,
Das bunte Stoffe schuf; die Nadel nicht,
Die Rosen pflanzen konnt' auf Leinewand.
Bald lenkt' ihr zarter Arm ein schäumend Roß,
Bald wog sie muthig Lanze, Schild und Schwerdt.
Auch spürte sie dem Wild im finstern Wald
Oft nach. Gleich tapfer stets in Krieg und Jagd,
Schier Männern Löwe sie, und Löwen Mann.
Doch als die Heldinn das gebundne Paar
Erblicket, staunet sie vor'm Anblick; staunt,
Daß diese schweigt, und jener seufzt; daß er
Aus Mitleid, nicht aus Schmerzen, oder doch
Nicht eignen Schmerzen, weinet; und daß sie,
Ihr Aug' am Himmel, noch selbst vor dem Tod
Von ihrem Leibe schon geschieden scheint.
Chlorinde ward erweicht. Sie fragt umher,
Was sie verschuldet, und hält Beyde gleich
Unschuldig. Eine Zähr' entstellet auch

Den Krieger nicht. Die sanfte Thrän' entwischt
Chlorinden; doch sie eilt, das hohe Paar,
Wo möglich, zu befreyen. Haltet ein!
Ruft sie der Flamme, welche schon den Stoß
Entzünden wollte. Keiner sey so kühn,
Sein hartes Amt zu thun, bevor ich nicht
Den König spreche! Schweigend eilt sie fort.
Von ihrem königlichen Pomp geschreckt,
Befolget jeder ihre Worte. Sie
Begegnete dem Aladin, und sprach:

    Es muß dir fremd bedünken, daß der Lohn
Verlangt wird vor dem Dienst. Doch deine Huld
Macht dreist mich, Herr! Ich bitte, daß du mir,
Für meine künft'gen Dienste, dieses Paar
Erledigst. Zum Geschenk verlang' ich sie;
Drum schweig' ich itzt davon, daß sie vielleicht
(So scheinet es) unschuldig sind. Nur dies
Will ich erwähnen: Ich, ich glaube nicht,
Daß dir ein Christ das Bildniß hat entwandt.
Verbrechen war es gegen unsere

Gesetze, fremde Götzen in das Haus
Des Mahomed zu bringen.   Dieser Gott
Hat also aus gerechtem Zorn gewiß
Das Bild zernichtet.   So die Perserinn.

Den König traf der Schrecken. ‘Jedes Glied
Durchschauderte der kalte Schweiß der Angst;
Die schlaffen Kniee wankten ihm.   Die Brust
Erbebte bang; die Wang’ entfärbte sich,
Und seine bleichen Lippen zitterten
Die Worte: Zürne, großer Mahomed,
Auf deinen Knecht nicht, daß er dein Gesetz
Verletzet, deine Kirch’ entheiligt hat! —
Chlorind’! ich seh’ zu deutlich nun, daß ich
Nicht recht gehandelt.   Die Unschuldigen
Sie sollen frey seyn! —

                    Als die Wort’ Ismen
Vernahm, ergrimmt’ er, und verzweifelte
An seiner Rache.   Zischend schwebte schon
Behaart mit Schlangen, um sein Haupt, die Reu.
Von ihr gepeitschet, zog sein schuld’ger Arm

                    C 2   Den

Den Dolch, und grub ihn wüthend in die Brust.

Doch, Muſ, entstelle mit dem schwarzen Bild

Dein Lied nicht weiter, sondern schließ es nun

Mit deines Paares ungehofftem Glück.

Als von den Banden ißt Sophronia

Befreyet wurde, heftete Olint

Sein schmachtend Aug' auf sie, indem sein Mund

Begann: Man kündiget das Leben zwar

Uns an: doch mir, mir bleibet noch der Tod!

Nur du, Sophronia, nur du kannst mir

Tod, oder Leben, schenken! Hier verlosch

Die Stimm' ihm. Doch Sophronia ergriff

Sanft seine Hand, und sprach mit holdem Blick:

Olint, ich weigere mich nicht, mit dem

Zu leben, der mit mir zu sterben erst

Sich glücklich pries! Drauf giengen, Hand in Hand,

Sie von der gräuelvollen Stätte weg,

Und ihre zarten Arme, die vorher

Für's Christenthum der Fesseln Last beschwert,

Vereinte nun ein glücklich Eheband.

An=

Anhang

einiger

andern Gedichte.

Anhang
einiger andern Gedichte.

Hymne.

Seele, du Aushauch GOttes! Unsterbliche!
Erdebewohnend, aber unsterblich noch; —
Schwinge dich einmal, Staubbehüllte,
Aus der Verwesungshütte zu GOtt auf!

Siehe! begierig, offen den schwarzen Schlund,
Wartet der Tod mein, der Adamiden Theil;
Wartet, der Tod, dein Freund, dein Führer,
Daß er zu GOtt hinüber dich führe!

Fröhlich begrüßt du seelige Sphären dort!
Ziehst triumphirend drauf in dein Erbtheil ein!
Hörest seraphische Jubeltöne,
Silbern, in volle Harfen gegossen!

Siehest

Siehest den Schöpfer, der dich dem Nichts entrief!
Um ihn der Thronen jauchzende Tausende!
   Niedergeworfne Kronen vor ihm!
     Siehst ihn in seiner Herrlichkeit Fülle!

Fliehest zuletzt auch in die Umarmungen
Deiner entschlafnen, deiner verherrlichten
   Freund'! — An dem Busen deiner Mutter
     Weinst du die erste geistige Zähre!

Von ihr geleitet, schaust du die Herrlichkeit
GOttes stets tiefer! forschest Aeonenlang
   In der Erkenntniß seines Wesens!
     Labest an seinem Lobe dich mit ihr! —· —

Die ihr den Himmel singet, noch erdgestimmt;
Himmlisch, o Saiten, tönt ihr, von GOttes Hand
   Himmlisch zu tönen umgeschaffen,
     Einst im Concerte seiner Erlösten!

Der

Der Glaube.

An meinen Vater.

Believe, and taste the pleasure of a God.

Young.

Gefallen, elend, todt,

Lag meine Seel' in ihren Sünden,

Lag, ohne Rettung, ohne Trost zu finden;

Da blicktest du sie an, und sie genas, o GOtt!

Dein Blick goß Glauben mir

In mein verzweiflungsvolles Herze:

Vom Zagen frey, frey von dem Sündenschmerze,

Erhob es glaubend sich vom Todesstaub zu dir.

Hold hieltest du dein Kind

In ausgesöhnten Vaterarmen!

Es fühlte sein Genesen, dein Erbarmen,

Sein Leben, deine Huld! — es fühlte sich dein Kind!

E 5

Nun

Nun spott' ich eurer Wuth,

Welt! Sünde! Fleisch! Tod! Teufel! Hölle!

Eröffne dich mit schrecklichem Gebelle

O Erde, lauter Grab; ström' alle deine Gluth,

Du Feuerschlund, auf mich;

Zürn, Satan; Welt, reiz meine Sinnen;

Seyd neue Höll', o Sünd' und Fleisch, von innen:

Ich zeige JEsu Blut! — eu'r Grimm verlieret sich.

Dich, Blut, das für mich floß,

Ergreift voll Zuversicht mein Glauben!

Dich, Lösegeld, kann keine Macht mir rauben!

Durch dich werd' ich gewiß der Seligkeit Genoß!

GOtt! Mittler! Bruder! Freund!

Für mich hin in den Tod gegeben!

Durch den mein Geist wird ewig leben,

Mein Geist, hier mit dem Staub, mit GOtte dort, vereint!

Dir,

Dir, Mittler, flammt mein Herz!

Dir jauchzet es, in Dank zerflossen!

Durch seine Schuld zur Höll' hinabgestoßen,

Durch dich mit kühnem Flug geschwungen himmelwärts!

Sonst böse, durch dich gut!

Der Sünde Sklav, durch dich befreyet!

Dem Fluch bestimmt, dem Himmel nun geweihet!

Ganz Sünde von Natur, ganz Unschuld durch dein Blut!

Auf dem Lande.

Täuscht mich der bildende Schlaf? Wie? oder träum'
     ich im Wachen?

Welch ein Zaubertön erweckt mich vom schwärmen-
     den Lager,

Und ruft mich mit holden Accenten in Scenen der An-
     muth?

Nein, mich blendet kein Spiel der Nacht! — Nein,
     wachend vernehm' ich,

Seh' ich, fühl' ich, entzückt der Natur bezaubernde
     Schöne!

Dort auf dem wogigten Rücken des dunkeln Waldes
     entglimmet

Sanfter Purpur. Vor ihm erhebt sich in silbernen
     Wolken

Langsam der Thau, und steigt, von Auroren durch-
     schimmert, gen Himmel.

Rings lebt alles. Der Nachtigall schmetternde Har-
     monien,

Der hochschwebenden Lerche Gesang, der lockenden
     Wachtel

Hüpfender Schlag, des lachenden Kuckuks einsames
     Rufen!

O unzählbar mischen die Aestebewohner die Töne,

Wechseln harmonisch ihr Lied, und widerhallen einan-
     der. —

        Aber

Aber wen singt ihr? Weß Lob füllt die arbeitenden
Kehlen?

Deines, o Vater der Welt, der du zu Freuden und
Glück sie

Schufst! — Und sparte dein schaffendes Wort an mir
die Verschwendung,

Die aus dem kleinsten Insekt auch blickt? — O laß
mich verstummen,

Laß mich verstummen, und dir mit stillen Empfindun;
gen danken!

Sieh, itzt wollt' ich zurück, und ein neues ergötzen;
des Schauspiel

Oeffnet sich mir — Im goldgestreiften Lazure des
Himmels

Spiegelt mit ändernden Farben der noch nicht erschiene;
nen Sonne

Antlitz sich; ein belehrendes Bild der Christen stillen

Thaten, nur sichtbar an den beglückten Nothleidenden,
welche

Vater ihn nennen, all' in nachahmenden Tugenden
strahlend.

Klagen

bey dem

Grabe eines Kindes.

Also ist er nicht mehr? — Vater, du klagest ihn!
Also ist er nicht mehr, dein so geliebter Sohn?
    Himmel, gabst du ihn gütig
       Um ihn grausam zu rauben, uns?

Zwar genießt er vielleicht grössere Wollust dort;
Und die Arglist der Welt täuschet ihn künftig nicht.
    Auch schreckt ihn das Gericht nicht,
       Wenn er kömmt nach Elysien.

Aber tief schlägst du uns; tiefer den Vater noch;
Tief die Freunde von ihm; tief das getreue Dorf.
    Um ihn weinet der Feldbach,
       Klagt die Lerche in Weigmannsdorf!

Mit

Mit gewaffnetem Arm drohtest du, Schrecklicher!

Deinen Donner sah ich, aber nicht, wen er traf.

    Krachend rissen die Wolken;

       Güsse strömten der Erde zu.

Da gerieth ich in Angst.   Traurig und öde war

Mir Gesellschaft uud Hof. — Klagen verstreut' ich da

    Auf das stumme Papier hin.

       Der Olympus verhüllte sich.

Meinem Vater, dacht' ich, hättest du da gedroht.

Thränen gab mir der Tag, da er geboren ist!

    Ihn zwar hast du verschont!

       Doch mein Liebling, er ist dahin!

Herr, so endige hier deinen erwachten Grimm!

Sieh! der Donner des Kriegs brüllt von den Seiten her.

    Vor ihm tobet die Seuche;

       Korn und Heerden gebrechen uns!

                          Gnug.

Gnug, o Höchster, gnug! — Willst du nicht Vater seyn?

Deinen Kindern nicht mehr zeigen Barmherzigkeit?

Hör'! ach rett' uns! — Und künftig

Stammeln Enkel noch Lob dir zu.

An meine Heimath.

Beglücktes Land! wo ich, in süßer Ruh,
Im Schatten deiner Bäume hingestreckt,
So manches Abendroth erblassen sah;
Wenn fern vom Felde her der ernste Stier
Mit Majestät die Heerde von der Au,
Mit Blöcken, nach dem Stalle leitete;
Wenn am vergoldten Saum des dunkeln Walds
Itzt eine Wolke Staub ins Abendroth
Sich mischte; dann der Glocken froher Klang
Die Wollenschaaren mir verkündigte.

Ach! ruft vielleicht auch dort der Schreckensschall
Der wilden Kriegstrommete zu der Schlacht?
Wälzt sich vielleicht nicht eine Wolke Staub
Dort vom Getümmel eines wilden Trupps
Blutdürstiger Barbaren himmelauf? —
O! warum kann bey deiner Zahn' ich nicht
Entbrannt das Schwerdt auf ihre Schädel ziehn!
Entweder gleich den Tod fürs Vaterland
Zu sterben, oder dich mit zu befreyn! —
Doch ach! ich muß hier seyn, — entfernt von dir; —
In großer Städter eitler Lustbarkeit
hier seyn, — und dich vergessen, Vaterland!
Gleichwohl entzückt die stille Zähre mich,

D   Für

Für dich geweinet, öfters mehr, als Hof,
Und Ball, und Lustbarkeit. — O Vaterland!
Wenn soll ich dich mit Freuden wiedersehn?
Wenn dir, mein Vater, küssen deine Hand?
Wenn, treue Mutter, dir, in welcher uns
Der Himmel ganz die Erste wiedergab?
Und wenn, Geschwister, euch umarmen? — wenn?
Dann wohnt' ich bey euch, in einsamer Lust;
Zählt' öfters unsre Heerden auf der Au;
Durchirrte junge Wälder, in dem Sand,
Der öde lag; durch Fleiß erst angelegt,
Und schon des scheuen Wildes froher Schutz!
Mich weckt' im Lager dann nicht Feldgeschrey!
Nicht Sturm im wilden Meere schreckte mich!
Fern von der stolzen Städter Schwellen; fern
Von Anwald und von Richter, lebt' ich da
Mein Leben fröhlich, in der Einsamkeit!

    Vergiß, mein Geist, vergiß den Geiz nach Ruhm!
Laß andre den Erobrern ihre Zeit
Aufopfern, und ihr Leben; und sie dann
Zum Lohn dafür, daß sie der blutge Mars
Zerstümmelte, Verachtung ernten. Du
Leb' unbemerkt, dem Vaterland', und dir,
Nicht müßig, doch von stolzen Würden frey!

Auf

Auf den Frühling.

Schon bemalet Aurora den Saum des Himmels mit
Golde;

Schon ist das blässere Heer der nächtlichen Sterne ge-
flohen;

Blitzender Thau besäet das Feld, und die Wiese mit
Perlen.

Und noch begraben den Höfling die weichen Federn? —
Zwar schläft er

Wenig. Manch scheusliches Bild, die Geburt der
sträflichen Freuden,

Schwärmten über des Träumenden Haupt, und peit-
schen die Sinnen.

Weit von ihm fliehet die Ruh. Er wälzet die todten
Glieder

Auf dem peinlichen Lager; entschlummert, — doch son-
der Erquickung!

Aber verweile, mein Geist, nicht länger beym
schlafenden Städter!

Komm, entfliehe mit mir zu jener erwachenden Gegend,

Wo die belebende Sonne schon Kräuter und Blumen
empor hebt,

Und die Vögel zum Lobe des Schöpfers weckt! Genieße

Dort des schöpfrischen Morgens, des Lieblings der
fleissigen Musen!

D 2   Welch

Welch ein bezaubernder Anblick! Mit welchem leisen
Geräusche

Schlängelt sich dort der kühlende Bach durch die bun-
ten Gefilde!

Schattigte Büsche bekränzen hier stolz den steigenden
Hügel,

Welcher die Flur überfieht. Rundum schattiren die
Blüthen

Schlankes Gras, das vom säuselnden West sanft wan-
ket. — Wie aber,

Wenn die tobende Sense des jauchzenden Landmanns
dich künftig

Rundgewölbet, in Schwaden hinlegt? — Dann lie-
gest du kläglich,

Wie im eisernen Felde der Helden blutige Haufen;

Lächelst mir kein Vergnügen mehr zu! Die Nachtigall
ruft dann

Traurig im dunkeln benachbarten Hain, und klagend
besingt sie

Deine verwelkende Zierde! — So weinen, im wü-
thenden Kriege,

Zärtliche Mütter und Bräute den Untergang ihrer Ge-
liebten!

Am

Am 15ten Julius 1761.

Una salus victis, nullam sperare salutem.

Virg.

Entflieh nicht, Schmerz! entflieh nicht, Traurigkeit!
Komm, komm, durchwühle meine Brust! zerfleisch
Ein Herz, das von des Kummers Centnerlast
Gedrückt, beklommen, nur in Angst und Harm
Sein Labsal findet. Wie wenn heimlich Gift
In Beulen dringt; es hebt sich die Geschwulst
In einen hohen Berg, und glüht und braust;
Zehntausend Stacheln schafft sie in dem Fleisch;
Sie wächst, und dehnt die Haut, bis milder Schnitt
Den Kerker sprengt, die tolle Brut befreyt,
Und Lindrung schafft. So wühlt ein schleichend Gift
In meinem Eingeweide, tobt, und rast;
Bis Undrungsvolle, frohe Traurigkeit
Die Brust erfüllet, und mein banges Herz
In ein erquickend Thränenmeer zerschmilzt.

Fließt denn, gerechte Thränen! denn mit euch

Ergeußt

Ergeußt der einzge Trost noch, Vaterland

Und Freunde zu beweinen, sich auf mich. —

Ach ja! du seufzest unter einer Last

Von Tausenden, geliebtes Feld, wo ich

So oft vor Freud' entzückt, dort deine Frucht

Vom Hügel übersah, wenn sie, gebeügt

Von reifen Körnern, und von Sonnenglut

Gebeugt, still nach der Sichel seufzte. —'— Nun

Trägst du, entstellt, des Krieges eisern Joch!

Wie schädlicher Insekten schwärmend Heer,

In Haufen eingetheilt, die Luft durchziehe,

Den Himmel schwärzt, die Gegenden umher

Mit Schrecken, und mit bleicher Angst erfüllt,

Daß selbst die Feuerwelt davor erblaße,

Und fliehet, und ihr Haupt im Meer verbirgt;

Wie dann ein Ocean von Flügeln rauscht;

Und Flur, und Feld und Wald mit Räubern deckt;

Von ihrer giftgeschwollnen Zunge fälle,

Begeifert, jede Aehre von dem Halm;

Die Ebne decken Trümmer reifer Frucht:

So

So seh', im Geist, ich der Barbaren Schaar

Dort ziehn. Sie drängen sich im weiten Feld.

Von ihren Füssen bricht der Halm. Es starrt,

Wie erst von Aehren, nun von Spießen weit

Das Feld. Aus den Ruinen reifer Frucht

Steigt eine Stadt von Leinwand stolz empor.

Noch glücklich, wenn der wilde Krieger nicht

Dir, hungrig, auf der Flucht die Heerden raubt;

Die Wohnung nicht mit raubgewöhntem Arm

Erbricht; dem Leibe seine Decke nicht

Entreißt! — Noch glücklich, wenn der Feuerschlund

Des mordbegierigen Metalls sich nicht

Auf deine Dächer öffnet! nicht der Brand,

Mit Eisensaat vermischt, in Kellern wühlt,

Gewölbe sprengt, durch Fenster prasselnd fährt,

Und Stein und Holz zu Schutt und Asche schmelzt!

O Himmel! laß mich solche Botschaft nicht

Von meinen Freunden hören, oder straf

Mein Herze nicht, wenn es dabey erstarrt.

Eine

Ein Gebeth.

Du, dessen Stuhl auf Donnerwettern fährt,
　　Vor dem der Weltkreis erzittert,
Wenn Blitz und Schlag die schwarze Luft verklärt,
　　Und stolze Felsen zersplittert;

Wenn itzt die Gluth den weiten Wald ergreift,
　　Und Bäum' in Asche zerschmelzen;
Wenn der Orkan das Meer an Küsten schleift,
　　Wo Wasserberge sich wälzen;

Wenn wilde Fluth das Firmament zerreißt,
　　Und über Felsen hin schimmert;
Wenn brausend sich ein Hagelstrom ergeußt,
　　Und reiche Früchte zertrümmert;

Du, dessen Stral der Erde Schooß erwärmt;
　　Aus Staub uns Kräuter erziehet;
Von dessen Wink die Asche leben lernt;
　　Die trockne Staude noch blühet;

Du, dessen Thau aus vollen Thälern blickt,
　　Und Seegen auf uns verbreitet;
Daß Regen mild die dürre Flur erquickt,
　　Und unsre Nahrung bereitet;

Unendlicher! der Wesen Wesen! GOtt!
　　HErr! Vater! Schöpfer! Erhalter!
Ein Wurm fleht dir, dir, Herr, GOtt Zebaoth!
　　Dir, aller Welten Erhalter!

Staub schufst du ihn, doch ewig. Denn dein Hauch,
　　Sein Geist, kann niemals ersterben.
Ein Wurm fleht dir, ein Staub! ihn schuf dein Hauch, —
　　Laß ihn nicht ewig verderben!

... Un [...] historien ne devoit à la postérité. On [...] [...]
avec plaisir la simplicité & la rapidité de sa narration : jaloux de
conserver un intérêt soutenu, il a débarrassé son Histoire de tous
les faits qui lui sont étrangers, & de ces digressions, trop souvent
multipliées, qui ne servent qu'à rompre le fil de l'Ouvrage & à
distraire le lecteur. Cependant il n'a pas négligé de présenter les
événemens qui intéressent les autres Puissances, lorsqu'enchaînés avec
ceux de la Monarchie Angloise, ils ont été ou la cause ou la suite
des révolutions qu'elle a éprouvées.

Les différens Historiens qui ont précédé Barrow, dans la même
carrière, se sont souvent permis de décider des motifs qui ont déter-
miné les actions des Princes, des Ministres & des Généraux, & ils
ont applaudi ou critiqué suivant leur penchant, ou leur manière de
voir. Barrow a senti que toutes ces conjectures portoient quel-
quefois à faux & qu'il est indifférent de juger sur les événemens. Il
a donc évité d'interrompre son Lecteur par des réflexions déplacées,
capables uniquement de l'arrêter ou de le refroidir, & lorsqu'il en
hazarde quelques unes, c'est avec tant de rapidité & de précision,
que son Ouvrage en acquiert un mérite nouveau. Aussi cette Histoire est-elle moins volumineuse que les autres : Elle ne contiendra
que XIV. Volumes in-12. & comprendra cependant toutes les der-
nières guerres, jusqu'au traité de paix de 1763.

Le Traducteur a suivi les mêmes principes que son Auteur. Il n'a
pas cru devoir, par des notes particulières, altérer ou contredire